Heinrich Peuckmann

Das will ich wissen

Das Land der Bibel

Heinrich Peuckmann
wurde 1949 geboren und lebt in Kamen. Er studierte Germanistik und
evangelische Theologie. Heute unterrichtet er Religion und Deutsch
am Gymnasium. Außerdem schreibt er Romane, Erzählungen, Hörspiele,
Theaterstücke, Kindergeschichten und kleine Beiträge für das Fernsehen.

Hauke Kock
ist Jahrgang 1956 und studierte Kommunikations-Design. Seit 1991 arbeitet er
als freischaffender Illustrator. Er illustriert vor allem Kinder- und
Jugendsachbücher. Nebenher interessiert er sich für freie Malerei und
Fotografie. Außerdem beschäftigt er sich viel mit Geschichte.
Für »Das will ich wissen« hat er schon mehrere Bände illustriert.

Heinrich Peuckmann

Das will ich wissen

Das Land der Bibel

Mit farbigen Bildern
von Hauke Kock

Arena

1. Auflage 2003
© Arena Verlag GmbH, Würzburg 2003
Alle Rechte vorbehalten
Einband- und Innenillustrationen: Hauke Kock
Gesamtherstellung: westermann druck, Braunschweig
ISBN 3-401-05568-2

Inhalt

Abraham und Isaak

Diese Geschichte liegt sehr lange Zeit zurück.
Fast 4000 Jahre sind seitdem vergangen.
Damals lebte ein Mann, der Abraham hieß.
Er wohnte in Haran. Das ist eine Stadt
zwischen den Flüssen Euphrat und Tigris.
Heute liegt dort die Türkei. Ein paar Jahre
vorher war Abraham aus Ur, vom Unterlauf
der beiden Flüsse, dort hingezogen.

Eines Tages sprach Gott zu ihm. „Du sollst
noch weiterwandern, Abraham. Du sollst
wegziehen aus Haran in ein Land, das ich dir
zeigen werde. Ein Volk will ich aus dir machen
und deinen Nachkommen soll das Land
gehören."
Abraham wunderte sich über Gott. Er war
nämlich schon ein alter Mann. Seine Frau Sara
war ebenfalls alt und bis jetzt hatten sie keine
Kinder. Wie sollte ohne Nachkommen
ein ganzes Volk entstehen?

Aber Abraham vertraute Gott. Er sammelte
seine Schafe und Ziegen und brach seine Zelte
ab. Auch Lot, den Sohn seines Bruders,
nahm er mit. Dann zog er nach Süden. Das war
die Richtung, die Gott ihm gezeigt hatte.
Sie wanderten eine weite Strecke. Dann kamen
sie in eine Gegend, die nicht sehr fruchtbar war.
Lot und Abraham hatten Mühe, saftige Weiden
für ihr Vieh zu finden. Da sprach Gott wieder:
„Dies ist das Land, das ich deinen
Nachkommen geben werde."

Abraham wunderte sich erneut. In Haran war es fruchtbarer gewesen als hier. Doch wieder vertraute er Gott. Er zog mit seinem Vieh durch das Land, um es sich anzusehen. Ein Fluss durchquerte es von Norden nach Süden und teilte es in zwei Hälften. Jordan heißt dieser Fluss bis heute.

Auf den Weiden entlang des Jordan konnte sich das Vieh satt fressen. Gott hatte Abraham tatsächlich ein Land gezeigt, das schön war.

Doch bald bemerkte Abraham mit Schrecken,
dass hier schon Menschen lebten.
Die Kanaanäer wohnten in dem Land, das Gott
seinen Nachkommen versprochen hatte.
Aber mit ihnen gab es keinen Streit.
Sie lebten in Städten. Die Weiden jenseits der
Stadtmauern interessierten sie nicht. Sie hatten
auch eigene Götter. Aber Abraham wusste,
dass sein Gott der einzige und richtige war.
Abraham zog nun als Nomade mit seinen
Herden durch das Land. Lot blieb nahe
der Stadt Sodom wohnen.

Noch hatten Abraham und Sara kein Kind.
Würde Gott wirklich Wort halten? Abraham
konnte es kaum noch glauben. Da sprach Gott
wieder zu ihm: „Ich bin dein Gott, du und deine
Nachkommen sollen mir folgen. Bald wird deine
Frau Sara einen Sohn bekommen."
Tatsächlich war Sara kurz darauf schwanger.
Den Sohn, den sie gebar, nannten sie Isaak.
Vor Freude veranstaltete Abraham ein großes
Fest.

Abraham stieg auf einen Berg und blickte über
das Land. Sein Sohn Isaak würde später
ebenfalls Kinder bekommen. Und seine Kinder
wiederum Kinder. Ein Volk würde heranwachsen
in diesem Land. Es würde Israel heißen.
Dieses Volk Israel hatte eine ganz besondere
Religion. Andere Völker beteten zu mehreren
Göttern. Diese Götter hatten unterschiedliche
Aufgaben und Fähigkeiten. Die Israeliten beteten
jedoch zu einem einzigen, allmächtigen Gott.

Der Blick auf das Heilige Land

Stonehenge

BRITEN

Atlantischer
Ozean

URGERMANEN

Bronzezeitliches
Schwert

IBERER

LIGURER

ILYRER

BERBER

Mykene

Mittelmeer

Knoss

LIBYER

EUROPA und
der ORIENT
zur Zeit Abrahams

Pyramide

Als Isaak erwachsen war, starb Sara. Abraham
zog noch immer als Nomade durch das Land.
Jetzt merkte er, dass er ein Stück Land
besitzen musste, auf dem er Sara begraben
konnte. Er kaufte die Höhle Machpela bei
Hebron. Dort begrub er Sara. Jetzt gab es
einen Ort in Kanaan, der wirklich ihm gehörte.
Bald darauf fand Isaak eine Frau. Ihr Name war
Rebekka. Nun konnte Abraham beruhigt
sterben. Er war bereits 175 Jahre alt. Isaak
begrub ihn neben Sara.
Dieser Ort in der Stadt Hebron wird bis heute
verehrt.

Damaskus

PHÖNIZIEN

Meromsee

Kapernaum

GALILÄA

See
Genezareth

SYRIEN
(ARAM)

HARAN

Nazareth

SAMARIA

Jordan

Samaria

Mauern von Jericho

Jericho

AMMON

Jerusalem

HILISTÄA

Bethlehem

JUDÄA

Totes Meer

Hebron

MOAB

IDUMÄA

Zelt der Wüstennomaden

EDOM

DAS LAND KANAA

PARTHER

ARIER

BAKTRER

MAKER

Gaza

Sodom und Gomorrha

Sodom und Gomorrha waren Städte,
die am Südufer des Toten Meeres lagen.
Die Einwohner waren böse und verdorben.
Aus diesem Grund beschloss Gott die Städte
zu vernichten. Doch Abraham glaubte,
dass neben bösen auch gute Menschen in
Sodom und Gomorrha lebten. Gott konnte
nicht wollen, dass sie zusammen mit
den bösen getötet werden sollten.

Deshalb bat er Gott: Wenn nur zehn gute
Menschen in den Städten wohnten, sollte Gott
von seinem Plan ablassen.
Also schickte Gott zwei Kundschafter nach
Sodom. Aber schon in der ersten Nacht
mussten sie dort um ihr Leben fürchten.
Nur Lot und seine Familie halfen ihnen.
Die Kundschafter rieten Lot bei Morgengrauen
schnell aus der Stadt zu fliehen. Seine Frau
und seine beiden Töchter sollte er mitnehmen.
Außerdem warnten sie Lot: Keiner sollte sich
während der Flucht umdrehen und
zurückschauen. Gott wollte nicht, dass gute
Menschen sahen, wie er die Bösen bestrafte.

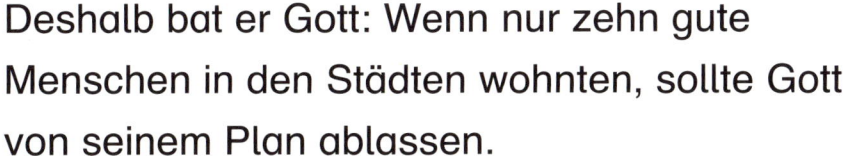

Lot und die drei Frauen hatten Sodom gerade verlassen, da ließ Gott Feuer und Schwefel niederregnen. Aber Lots Frau war neugierig. Sie wollte wissen, was mit den Städten geschah. Als sie sich umdrehte, erstarrte sie vor Schreck zu einer Salzsäule.
Lot und seine Töchter blickten nicht zurück. Deshalb entkamen sie dem grausigen Geschehen ohne Schaden.

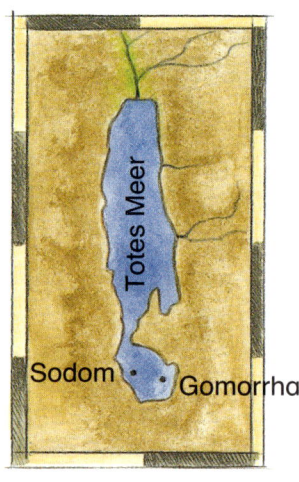

Forscher vermuten, dass es Sodom und Gomorrha wirklich gegeben hat. Sie glauben, dass Überreste dieser uralten Städte auf dem Boden des Toten Meeres liegen. Vielleicht wurden Sodom und Gomorrha durch ein Erdbeben vernichtet.

Mose führt das Volk aus Ägypten

In Kanaan herrschten öfters lange
Trockenzeiten. Die Wiesen verdorrten und
das Vieh musste verhungern. Auch unter
den Menschen brachen Hungersnöte aus.
Manchmal flohen die Israeliten dann nach
Ägypten. Dort gab es immer genug zu essen.
Der Herrscher von Ägypten wurde Pharao
genannt. Einmal ließ er die Israeliten nicht
in ihr Land zurückkehren. Er machte sie
zu seinen Sklaven. Sie mussten seine Tempel
und Paläste bauen.

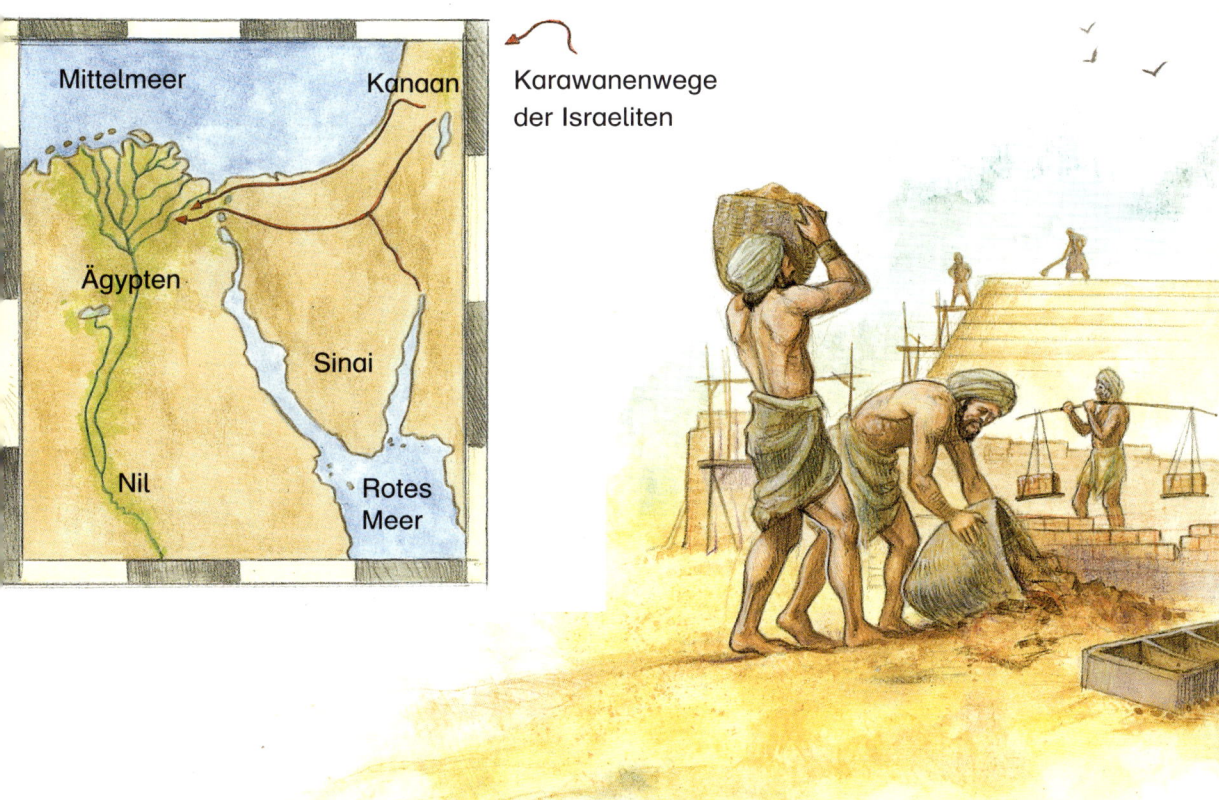

Karawanenwege
der Israeliten

Mittelmeer

Kanaan

Ägypten

Sinai

Nil

Rotes
Meer

Da erwählte sich Gott einen Mann namens
Mose. Er sollte sein Volk aus der
Gefangenschaft führen. Mose ging zum Pharao
und erzählte ihm Gottes Willen. Aber der
Pharao wollte nicht auf ihn hören.
Da schickte Gott schlimme Plagen über
das Land Ägypten. Eine Mückenplage,
eine Frosch- und eine Heuschreckenplage. Das
Wasser des Nils verwandelte Gott in Blut. Aber
der Pharao blieb hart. Erst als in jeder
ägyptischen Familie die Erstgeborenen starben,
ließ der Pharao das Volk Israel ziehen.

Doch bald bereute der Pharao seinen
Entschluss. Mit Streitwagen ließ er die
Israeliten verfolgen. Ihr Weg wurde durch
ein Meer versperrt. Aber die Fluten zogen sich
zurück und die Israeliten wanderten hindurch.
Als die Streitwagen der Ägypter kamen,
strömte das Wasser zurück und versenkte sie.

Auf dem Weg in die Heimat bestieg Mose
den Berg Horeb. Dieser Berg liegt auf
der Sinai-Halbinsel. Dort gab Gott ihm zwei
Steintafeln mit den Zehn Geboten. Nach diesen
Geboten sollte das Volk Israel leben.
Doch während Mose auf dem Berg mit Gott
zusammentraf, schuf sich das Volk einen
falschen Götzen. Es goss aus Gold ein Kalb
und tanzte zur Anbetung darum herum.

Als Mose das entdeckte, war er außer sich vor
Wut. Er zerschlug das Kalb mit den Steintafeln.
Zur Strafe musste das Volk vierzig Jahre lang
durch die Wüste wandern. Erst als alle Sünder
gestorben waren, durften die Israeliten nach
Kanaan zurückkehren. So wollte es Gott.
Auch Mose durfte das Land nicht betreten.
Aber er konnte es von einem Berg aus sehen,
bevor er starb.

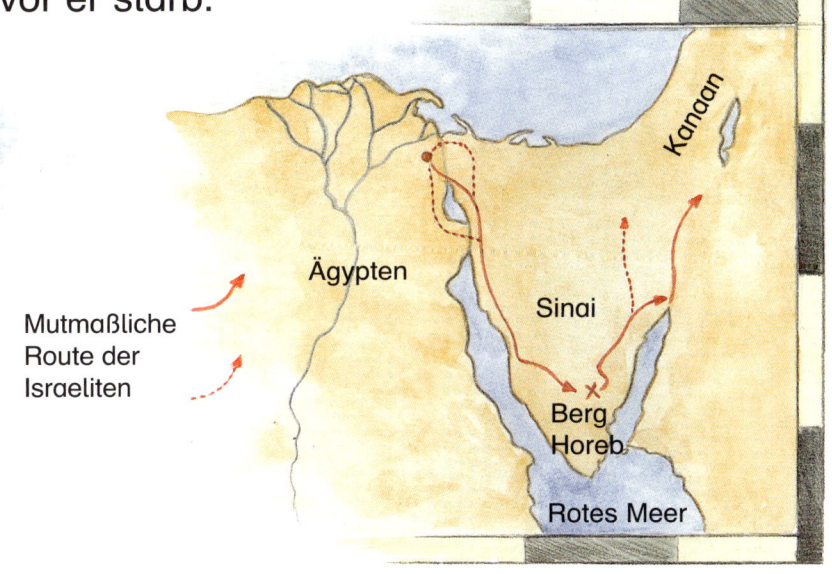

Mutmaßliche
Route der
Israeliten

Ägypten

Kanaan

Sinai

Berg
Horeb

Rotes Meer

Ob alles genauso geschehen ist, wie es in der
Bibel steht, weiß niemand. Sicher ist, dass Teile
des Volkes Israel bei Hungersnöten nach Ägypten
wanderten. Gab es einen Pharao, der die Israeliten
versklavte? Gab es Mose? Nachweisen lässt es
sich nicht.

Jericho

Moses Nachfolger wurde Josua. Er führte das Volk Israel aus der Wüste nach Kanaan zurück. Doch es gab eine Stadt, die sich den Israeliten widersetzte. Die Stadt hieß Jericho.

Gott sagte zu Josua: „Lass das Volk jeden Tag einmal um die Stadt herumziehen. Sechs Tage lang sollt ihr das tun. Am siebten Tag aber sollt ihr sieben Mal um die Stadt herumziehen. Dann sollen Posaunen aus den Hörnern der Widder geblasen werden. Alle Israeliten sollen so laut schreien, wie sie können. Dann wird die Mauer von Jericho einstürzen."

Josua befolgte Gottes Anweisung. Als am siebten Tag die Posaunen ertönten, brach die Stadtmauer in sich zusammen. Nun konnten die Israeliten Jericho erobern.

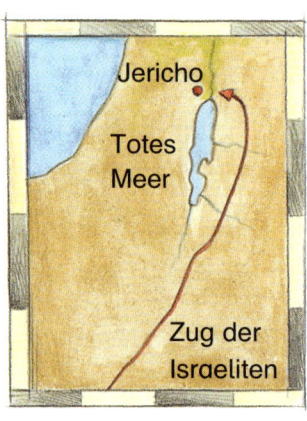

Jericho

Totes Meer

Zug der Israeliten

Die Stadt Jericho hat es wirklich gegeben.
Aber als das Volk Israel das Land besiedelte,
war die Stadtmauer vermutlich schon zerstört
gewesen.

Die Bundeslade

Die Bundeslade war das Heiligtum Israels.
In ihrem Inneren befanden sich die Steintafeln
mit den Zehn Geboten.
Die Israeliten waren zu Beginn ein Nomadenvolk.
Daher brauchten sie ein Heiligtum, das sie mit
sich tragen konnten. Die Bundeslade war
ein Kasten aus Akazienholz und wurde in
einem Zelt aufbewahrt. Mit ihrem Heiligtum zogen
die Israeliten durch das Land Kanaan.
Im Krieg wurde es in die Schlacht
mitgenommen. Davon versprachen sich
die Israeliten Hilfe im Kampf.

Bundeslade

Zelt zur Aufbewahrung
der Bundeslade

Später wurde der Tempel in Jerusalem gebaut.
Die Bundeslade kam in den allerheiligsten
Raum des Tempels. Diesen Raum durfte
jetzt nur noch der oberste Priester betreten.
Doch im Jahr 567 v. Chr. fielen die Babylonier
in Jerusalem ein. Sie zerstörten den Tempel.
Wahrscheinlich vernichteten sie dabei auch
die Bundeslade.

Heute suchen die Forscher nach der Bundeslade.
Sie hoffen, dass sie im letzten Moment
im Tempelberg versteckt worden ist. Doch bis jetzt
wurde keine Spur von ihr gefunden.

König David

Der erste König von Israel war Saul.

Sein Waffenträger war der junge David.

David war sehr mutig. Er stellte sich sogar

dem Zweikampf mit dem Riesen Goliath.

Keiner glaubte, dass der kleine David gegen

den großen Goliath gewinnen könnte.

Doch David zog seine Steinschleuder

und tötete Goliath.

Danach war David sehr beliebt beim Volk.

König Saul wurde deshalb eifersüchtig

und David musste vor seinem Zorn fliehen.

Nach Sauls Tod wurde David zum König

gekrönt. Er war der wichtigste König Israels.

Jerusalem machte er zur Hauptstadt

des Landes. Dorthin ließ er die Bundeslade

bringen.

David besiegte Israels

Nachbarvölker.

Er gab dem Land

seine größte Ausdehnung.

Das große Reich

Reich König Davids um 1000 v. Chr.

Unterworfene Reiche

Phönizier

Aram

Philister

Jerusalem

Ammon

Moab

Edom

Obwohl König David sehr gottesfürchtig war, beging auch er eine Sünde. Eines Tages beobachtete er die schöne Bathseba im Bad und begehrte sie. Doch sie war die Frau von Uria. Er war einer von Davids besten Soldaten. König David schickte Uria absichtlich an die vorderste Front in den Krieg. Als Uria fiel, heiratete David die schöne Bathseba.
Wegen dieser Freveltat wollte Gott von David keinen Tempel in Jerusalem erbaut haben. David errichtete daher nur den Königspalast.

Forscher streiten darüber, ob Davids Reich wirklich so groß war, wie es in der Bibel steht. Ein solch großes Reich wie das der Ägypter oder Babylonier war Israel jedenfalls nicht.

König Salomo

Salomo war der Sohn von David und Bathseba.
Er war König Davids Nachfolger. Unter seiner
Herrschaft wurde das Land sehr reich.
König Salomo ließ den Tempel in Jerusalem
bauen und die Bundeslade in das Allerheiligste
bringen.

Reich des Salomo

Reich von Saba

Salomo war wegen seiner Weisheit sehr
berühmt. Sogar die mächtige Königin von Saba
hat von ihm viel Gutes gehört. Ihr Reich lag im
heutigen Jemen auf der arabischen Halbinsel.
Sie nahm eine lange Reise auf sich, um Salomo
zu sehen.

Jerusalem und der Tempel

1000 Jahre vor der Geburt Christi wurde
Jerusalem Regierungssitz und Zentrum
des Glaubens. Die Israeliten waren schon
lange kein Nomadenvolk mehr. Der Tempel
in Jerusalem mit der Bundeslade war
besonders wichtig für das Volk. Er stand
auf dem Tempelberg.

1 Tempel	5 Innere Stadtmauer
2 Palastanlagen	6 Äußere Stadtmauer
3 Westtor	7 Kidron-Tal
4 Osttor	

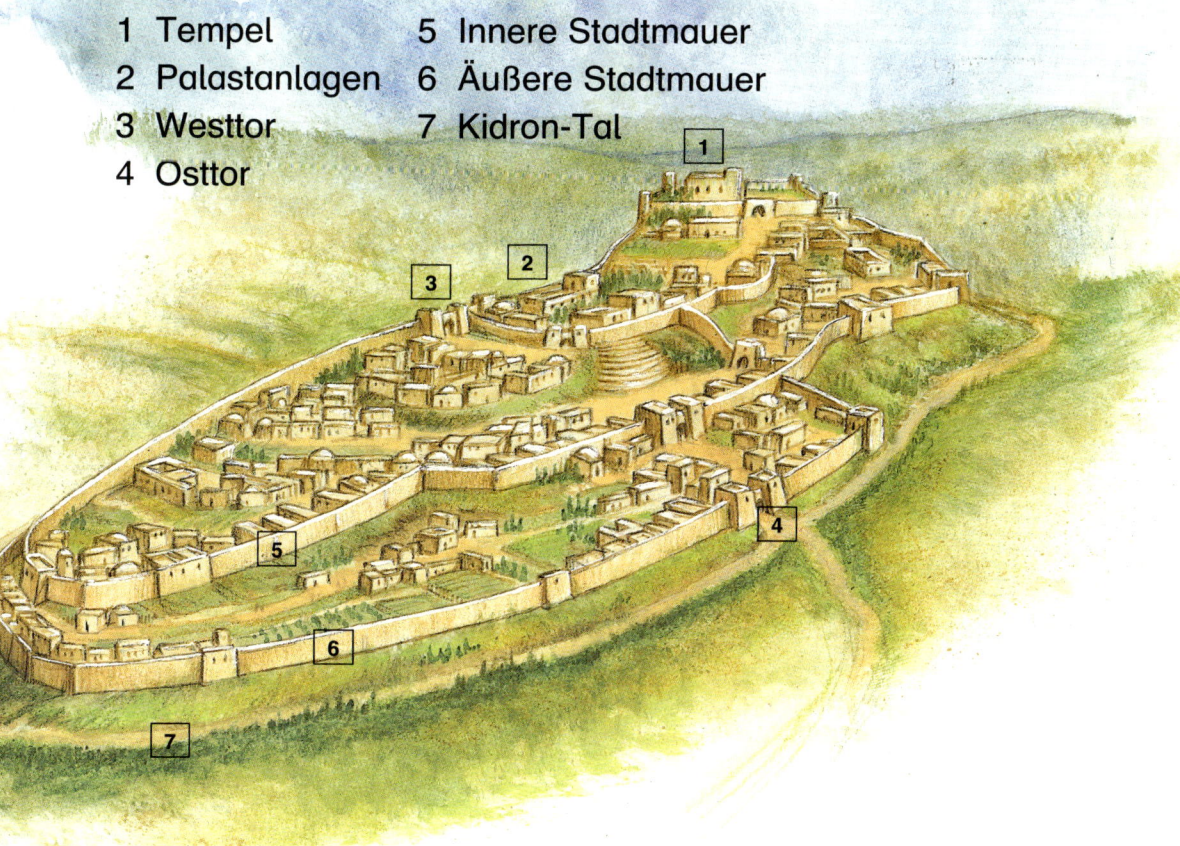

Nach König Salomos Tod wandten sich jedoch
die Nordstämme Israels von Jerusalem ab.
Sie bildeten ein eigenes Reich mit der
Hauptstadt Samaria. Jerusalem blieb
die Hauptstadt des kleineren Reiches Juda.
Im Laufe der Zeit ist Jerusalem von den
Großreichen im Norden und im Süden
mehrfach erobert worden: von den Assyrern,
den Babyloniern und zuletzt von den Römern.

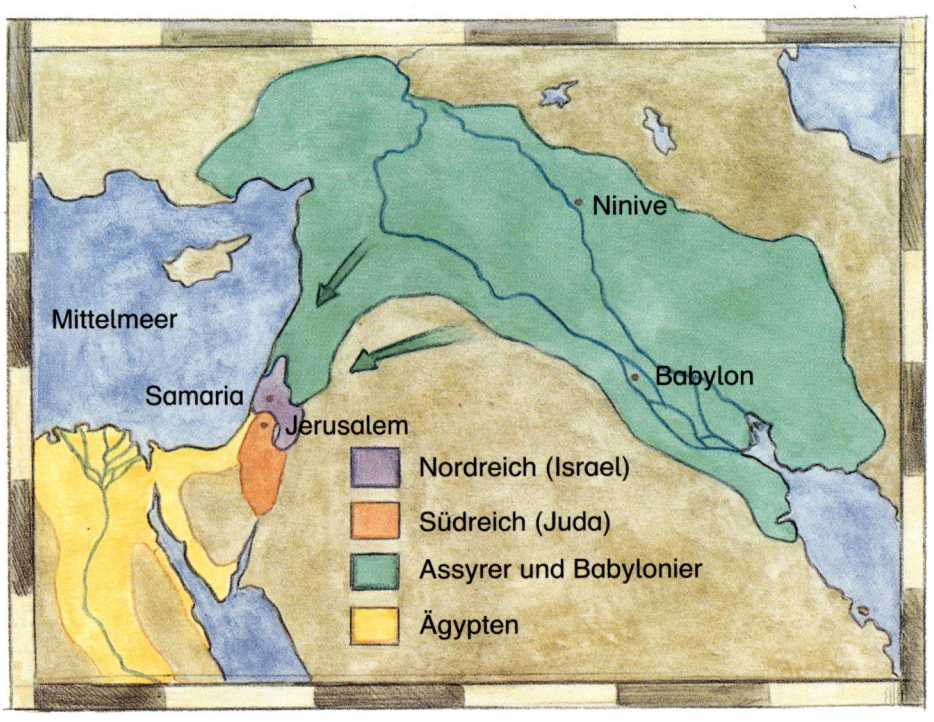

Besonders schlimm war der Krieg mit dem babylonischen König Nebukadnezar im Jahre 567 v. Chr. Viele Israeliten gerieten in Gefangenschaft und wurden nach Babylon verschleppt. Ihr Tempel in Jerusalem wurde zerstört. Als sie aus der Gefangenschaft zurückkehrten, bauten sie ihren Tempel wieder auf.

Fast 500 Jahre später beherrschten
die Römer das Land. König Herodes
ließ den Tempel ausbauen, um sich
beim Volk beliebt zu machen.
Diesen Tempel hat auch Jesus besucht.
Doch im Jahr 70 n. Chr. lehnten sich die
Israeliten gegen ihre römischen Besatzer auf.
Daraufhin zerstörten die Römer den jüdischen
Tempel endgültig.

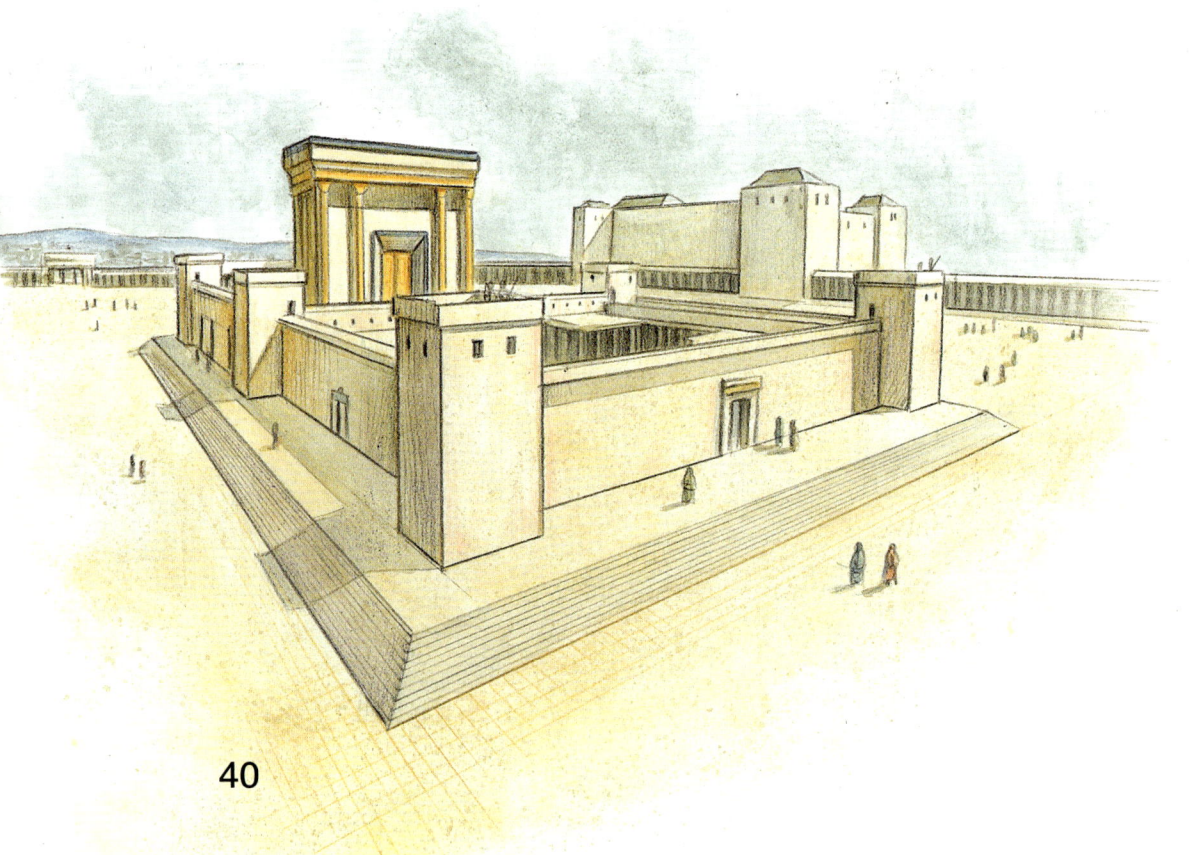

Jerusalem heute

Heute ist Jerusalem eine bedeutende Stadt für drei Weltreligionen: das Judentum, das Christentum und den Islam.

Vom jüdischen Tempel ist nur noch eine Mauer übrig geblieben. Das ist die Klagemauer, vor der die Juden beten.

Auf dem Tempelberg stehen nun islamische Moscheen: der Felsendom und die El-Aksa-Moschee. Dort, wo der Felsendom steht, soll der Prophet Mohammed in den Himmel aufgefahren sein. Deshalb ist dieser Ort sehr wichtig für die Moslems.

Für die Christen ist die Altstadt von Jerusalem bedeutsam. Durch sie wurde Jesus zur Kreuzigung geführt.

Jesus Christus

Vor ungefähr 2000 Jahren lebte in Nazareth
der Zimmermann Josef mit seiner Frau Maria.
In der Bibel wird eine erstaunliche Geschichte
über sie erzählt: Eines Tages kam ein Engel
zu Maria. Er verkündete ihr, dass sie bald
von Gott einen Sohn bekommen sollte.
Als Maria schwanger war, fand in Israel
eine Volkszählung statt. Jeder sollte sich
in der Stadt seiner Herkunft zählen lassen.
Josef stammte aber aus Bethlehem, der Stadt
König Davids. Er und Maria mussten deshalb
nach Bethlehem wandern. Dort gebar Maria
den kleinen Jesus in einem Stall.

Seine Jugend verbrachte Jesus in Nazareth
bei seinen Eltern. Als er erwachsen war,
ging er zu dem großen Fluss Jordan.
Dort traf er Johannes den Täufer, um sich von
ihm taufen zu lassen. Als Jesus aus dem Fluss
stieg, hörte er plötzlich die Stimme Gottes.
Gott sagte ihm, dass er der auserwählte
Messias sei. Er sollte die Menschen bekehren.
Aus diesem Grund kehrte Jesus nicht mehr
nach Hause zurück. Er zog ganz allein in
die Wüste und fastete dort 40 Tage lang.

Danach ging Jesus nach Galiläa und begann
zu predigen. Ihm kam es vor allem auf
die innere Einstellung der Menschen an.
Sie sollten nicht bloß nach den Geboten Gottes
handeln, sondern auch in ihren Gedanken gut
sein. Er ging zu den Armen, Kranken und
Sündern. Sie hatten seine Hilfe besonders
nötig. Die Reichen und Priester verachteten
ihn deshalb. Jesus heilte Kranke und erweckte
sogar Tote zum Leben. Sein wichtigstes Gebot
hieß: „Liebe deinen Nächsten wie dich selbst.“

Seine Botschaft hat Jesus in der Bergpredigt
verkündet. Er konnte mit seinen Gedanken
viele Menschen begeistern. Aus seinen
Anhängern wählte er zwölf Männer aus, die
seine Jünger wurden. Der Fischer Simon Petrus
war sein wichtigster Jünger.

Wahrscheinlich liegt der Ort der Bergpredigt auf
einem Hügel in der Nähe des See Genezareth.
Dieser See liegt in Galiläa. Hier hat Jesus lange
als Wanderprediger gewirkt. Eine Zeit lang hat er
im Haus von Simon Petrus in Kapernaum
gewohnt. Kapernaum liegt am Nordufer
des See Genezareth.

Mit etwa 30 Jahren wanderte Jesus nach
Jerusalem. Dort wurde er von vielen Menschen
mit großem Jubel begrüßt. Doch die
Hohepriester wurden neidisch auf Jesus.
Er war ihnen zu mächtig geworden.
Deshalb ließen sie ihn von Pontius Pilatus,
dem römischen Statthalter von Jerusalem,
verhaften. Er verurteilte Jesus zum Tode.
Vor der Stadt Jerusalem wurde Jesus auf
dem Galgenberg Golgatha gekreuzigt.

Doch die Lehre Jesu und der neue Glaube
lebten weiter. Die Jünger Jesu verkündeten
seine Botschaft weiterhin und sammelten
immer neue Anhänger. Im Neuen Testament
der Bibel schrieben sie die Geschichte
von Jesus und seinem Glauben nieder.
Jesus selbst hat keine Schriften hinterlassen.
Aber er hatte eine neue Religion,
das Christentum, gegründet.
Paulus war einer der wichtigsten Verkünder
der Lehre Christi. Zuerst war er gegen
die neue Religion. Aber er wurde bekehrt.
Daraufhin unternahm er lange Reisen und
brachte die Botschaft Jesu bis nach Europa.

Paulus in Rom

Auch der Jünger Simon Petrus ging nach
Europa. In Rom soll er als erster christlicher
Bischof gewirkt haben. Heute versteht sich
der Papst in Rom als sein Nachfolger.
Mit Petrus und Paulus begann das Christentum
zur Weltreligion zu wachsen.
So ist vor 2000 Jahren im Land der Bibel
eine Religion entstanden, zu der heute
die meisten Anhänger der Welt gehören.

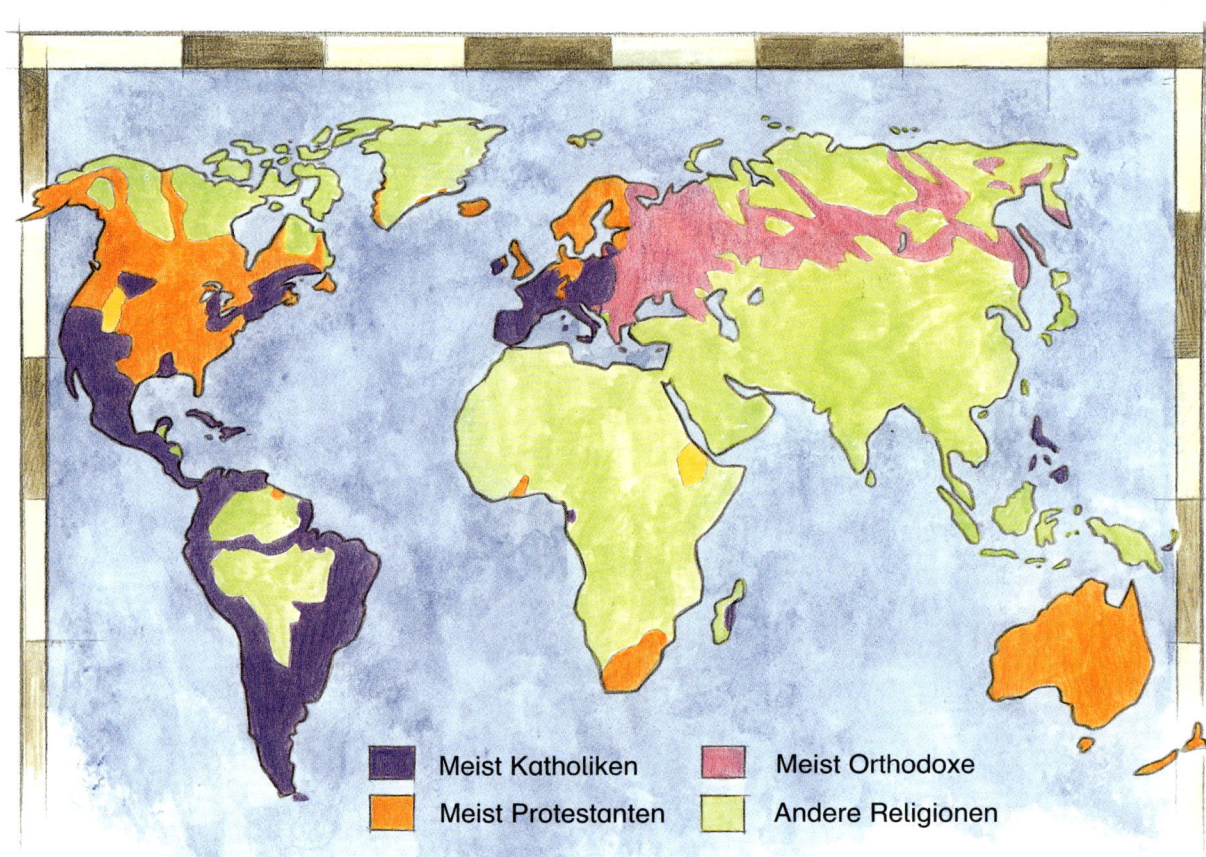

Meist Katholiken

Meist Protestanten

Meist Orthodoxe

Andere Religionen

Verbreitung des Christentums